砂糖なし。
お家で作る万能発酵調味料

糀の提案帖

こころのたね。
yasuyo

エムディエヌコーポレーション

はじめに

「これを使ってごらん、料理がおいしくなるから」
普段から料理好きだった母はそう言いながら私に容器に入った
白い調味料を渡してくれました。

会うたびに渡してくれるものだから、
我が家の冷蔵庫の中にはいつもその白い調味料が並んでいました。
それはかれこれ10年以上も前の話。
発酵調味料「塩糀」がブームになりはじめた矢先の出来事でした。
今年85歳になった母にその話をしたら、
「そんなこと言うてたかなぁ?」と全く覚えていない様子。
「あれだけ塩糀、塩糀、言うてたのに??」と私。
それもそのはず、母もすっかりいいお年頃……。
ただ、「糀」の魅力に気づかせてくれたのは、
紛れもなくそのことがキッカケだったのです。

のちに我が家の冷蔵庫には、
塩糀をはじめ醤油糀や甘酒も並びはじめました。
その数年後には、本格的に発酵食の勉強をはじめることに。
時は流れて……。

今、こうして私は自らの手で発酵調味料を作っています。
今度は私から母へ渡す番。
塩糀や甘糀、和風糀、洋風糀、中華糀……
ひとつずつ手作りしたそれらを小さな容器に詰める作業も
これまた愛おしい時間です。
カラダすこやかに過ごせますように。
今日も母のもとへ届けます……。

本書では、糀の発酵調味料の作り方を12種類と、
それらを使った展開メニューを提案しています。

どれもお砂糖を使わず自然の甘味と旨味を生かしてみました。
カラダが喜ぶ糀の力を皆さまにもお届けできますように。

こころのたね。
yasuyo

もくじ

1 基本の糀調味料の作り方と即席の糀調味料の作り方

2 ご飯がすすむお肉のおかず

お酒もすすむお魚のおかず

知っているようで知らないこうじのすごいところ

カラダに良さそうなものとは知っていても、実際にどんなものかわからない人も多いと思います。こうじのことを知って、食生活に取り入れてカラダの中から見直してみませんか。

こうじは、日本を誇る「国菌」

こうじ菌は、日本特有の湿度と温度によって大切に継承されてきた伝統ある貴重な菌として、２００６年に日本醸造学会により「国菌」に認定されています。

「麹」と「糀」という2種類の漢字で表記されることがありますが、その違いは原材料にあります。

「麹」……中国から伝わった漢字。米・麦・豆からできる、こうじ全般を表します。

「糀」……日本が明治時代に生んだ国字。米からできるこうじのみを表します。蒸した米の表面についた白い菌糸（こうじ菌）がお花のように見えたことが由来とされています。本書では、米こうじを使っているので、「糀」を使用していますが、基本的にはどちらの漢字を使用しても間違いではないようです。

こうじの持つ栄養素と発酵の力

米こうじは、蒸したお米に微生物（こうじ菌＝安全なカビ）を繁殖させたものです。その微生物の働きが人にとって有益な物質へと変化させます。それが「発酵」です。また、お米に微生物が繁殖する過程では、たくさんの酵素が生まれています。

酵素には消化吸収を助け、腸の善玉菌を増やして腸内環境を整えてくれる働きがあるので「便秘解消」に繋がります。そのように腸が元気になることでさまざまな栄養素がしっかり腸から吸収されてきれいな血液がカラダを巡るため「免疫力UP」、「代謝UP」による肥満防止」、「疲労回復」、「アンチエイジング」も期待できます。そして、米こうじで作る甘酒には、食物繊維やオリゴ糖、ブドウ糖、ビタミンB群、ミネラル、必須アミノ酸などの栄養成分が豊富に含まれるため「飲む点滴」とも言われています。また、こうじ由来のコウジ酸は「美白・美肌」にもアプローチしてくれます。まさにこうじはカラダが喜ぶ成分と嬉しい効果がギュッと詰まった「栄養の宝庫」なのです。

こうじを使うと料理がおいしくなる理由

こうじの消化酵素「アミラーゼ」の働きが、食材に含まれるデンプンをブドウ糖に分解することで甘味が生まれておいしいと感じます。消化酵素「プロテアーゼ」は、タンパク質をアミノ酸に分解して食材をやわらかくしたり、旨味を引き出したりします。これらの消化酵素は体内での吸収や消化の手助けをしてくれます。

また、体内に取り込まれ吸収された栄養をカラダの細胞に速やかに届けてくれるのが代謝酵素です。この酵素は新陳代謝を促し免疫力を高めてくれます。

こうじを取り入れると良いこと

・味がきまりやすいので時短ができ、手軽に調理が可能。
・肉や魚を漬け込むことで、しっとりやわらかくなる。
・食材の保存性が高まる。
・使うだけで自然と腸活ができる。
・化学調味料フリーでギルトフリー。
・食材の旨味成分を引き出すことで糖分や塩分の使用量を抑えられる。減塩になる。

調味料の置き換えテクニック

おかずからおやつまで一番使いやすいのは甘糀です。ソースやドレッシング、ドリンクなど手軽にアレンジできて砂糖の代わりとして使えます。その際は砂糖の倍量を目安に置き換えます。塩糀も野菜を揉み込んだり、肉を漬け込んだりとよく使います。塩として置き換える場合は塩の倍量を目安にしますが塩糀には旨味が含まれる分、味に満足できるため減塩してお使いいただけます。また、洋風糀はコンソメの代わりに、和風糀は白だしの代わりに、中華糀は中華だしの代わりにするなど、工夫しながら日々の食事に気軽に取り入れてみてください。

この本の使い方

・計量の単位は、小さじ1＝5mℓ、大さじ1＝15mℓ、適量＝好みに適した分量です。さじは必ず「すりきり」にして計ります。

・発酵調味料を作る場合を含め最も繊細な計量を必要とする場合は、液体もg表記にしています。その際はスケールで計りましょう。

・掲載のレシピはすべてp12〜25の自家製発酵調味料を使用した際のレシピ（分量）となっています。

・使用している道具や調味料の詳細については、p10〜11、p26をご覧ください。

・調理前に各レシピ全体の手順を把握しておくとスムーズに失敗なく調理を進められます。

・野菜は、洗う、皮をむく、種やワタを取るなどの作業を済ませてからの手順を記載しています（皮ごと使う野菜は皮をよく洗いましょう）。

・食材の切り方は、材料欄に記載しているため、作り方では材料を切る工程を省いています。

・電子レンジは600Wを基準にしています。500Wの場合は1.2倍の加熱時間を目安としてください。

・フライパンは直径26cmのセラミック加工のもの、鍋は18cmの鋳物ホーロー加工のものを使用しています。調理時間は目安なのでご使用の調理器具の大きさや材質により火加減と時間を調節してください。

・保存容器はあらかじめアルコールで消毒しておきます。

・保存期間は目安です。環境、季節、室温、湿度などの条件により保存期間に差があることがあります。期間に限らずなるべく早めに使い切りましょう。

・本書では、糀調味料を作る際にヨーグルトメーカーを使用しています。甘糀を作る際に最も必要なことが「米こうじ＋水を60℃に一定に保ちながら8時間発酵させる」ことです。もし途中で温度が変わってしまうとうまく発酵できず失敗してしまいます。そこで時間や温度の設定ができるヨーグルトメーカーを使えば、手軽に失敗なく作ることが可能です。その他の糀調味料も同じように手軽に作ることができます。もちろん、ヨーグルトメーカー以外に、時間と温度設定ができる調理器具があればそちらで代用していただけます。

1

基本の糀調味料の作り方と即席の糀調味料の作り方

発酵させて作
混ぜるだけで
作り方をご紹
砂糖なしでお
お菓子作りな
万能発酵調味
食材の旨味を
さらに栄養価
嬉しい効果が
保存すれば、

必要な道具

糀調味料を作るときに必要な道具をご紹介します。ヨーグルトメーカーのように60℃の保温機能が備わっている調理器具があれば、ひと晩で簡単に旨味たっぷりの糀調味料を作ることができます。保存容器や混ぜる道具などは、お手持ちのものを代用していただいても構いません。保存容器の消毒方法も確認して、糀調味料を安全に保存しましょう。

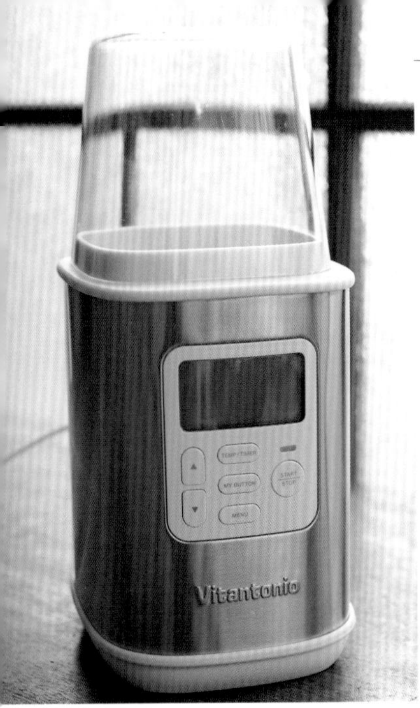

ヨーグルトメーカー
(ビタントニオ VYG-60)

チャーミークリアー・タフTL3／420mℓとTS3／170mℓの容器が入ります。容器を重ねて調味料を醸すことも可能。
※その場合はまんべんなく熱が伝わるよう途中で上下を入れ替えます。

(上から) **フードプロセッサー (ナショナル当時のもの)**／コンセントが自動収納するので便利で長年使用。食材の撹拌に使用。

ハンドブレンダー (BRUNO)／糀調味料の仕上げの撹拌に使用。

泡立て器大 (ゆとりの空間／栗原はるみ)／マヨネーズなどを混ぜる際に使用。

泡立て器小 (100円ショップ)／ケチャップや酒かすをペースト状にする際など少量のものを混ぜるときに使用。

スプーンやゴムベラ

右側の3本 (無印良品)／糀調味料を混ぜたりすくったり、フードプロセッサーから取り出す際など量に応じて使い分けます。
左側の3本 (100円ショップ)／味見したりちょっとすくうのに便利。

マスキングテープ
（無印良品／白）
保存日を書くために使用。文字が書きやすく水に強いのでおすすめ。

デジタルスケール（フォレスト）
計量スプーン以外のgで計量する際に使用。

耐熱ボウル（*iwaki*）、ステンレスボウル（無印良品）
レンジ加熱するとき、混ぜるだけのときで使い分けます。

保存容器の消毒方法

保存容器を使って調味料を保存する場合には、事前に容器の消毒は必須です。簡単なので、やり方を覚えて安全に保存しましょう。

洗った保存容器の内側に、アルコールスプレーを1～2プッシュする。

キッチンペーパーでふき取る。

保存容器（セラーメイト／星硝 チャーミークリアー・タフ）
糀調味料作りに使用。
（左から）*TL3 420mℓ*／縦長でよく使うタイプ。
TS3 170mℓ／糀のケチャップや粒マスタード、コチュジャン入れに使用。少量で醸す場合にも便利。
TS2 350mℓ／糀マヨネーズやだしみそ入れに使っています。

アルコール除菌スプレー**とキッチンペーパー**
（ドーバー パストリーゼ77）
保存容器や器具の消毒に使用。食品にかかっても安全・無害。ふき取りしなくてもOK。そのまま乾かしたり、キッチンペーパーでふいたりして使用しています

甘糀

お砂糖の代わりとしておかずからおやつまで
幅広く活用できる万能調味料。ヨーグルトメーカーで
甘味たっぷりの甘糀を手軽に手作りしてみましょう。

材料（約300mℓ分）

米こうじ（乾燥）……200g

水……200g

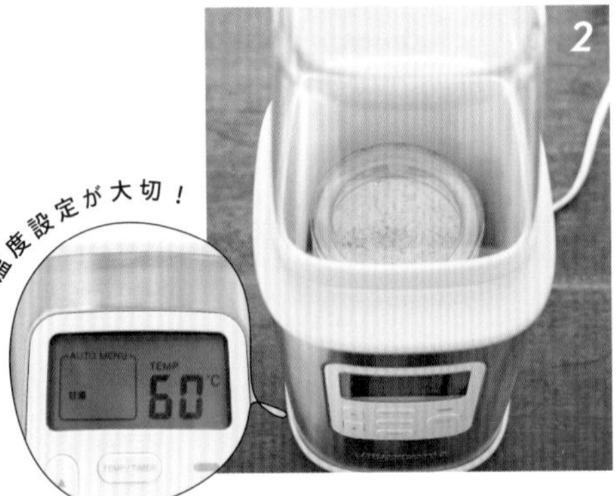

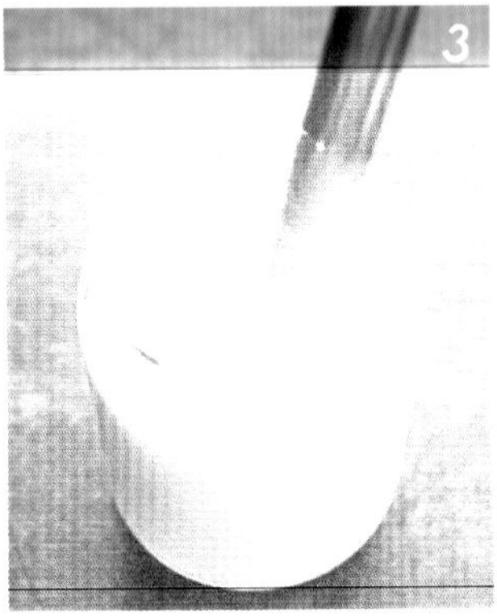

作り方

1 保存容器にすべての材料を入れ、よく混ぜ合わせる。

2 1をヨーグルトメーカーにセットし、60℃で8時間保温する。

3 ヨーグルトメーカーから取り出し、調理しやすいようブレンダーなどで撹拌する。

すべての調味料作りに大切なポイント

- スケールでこまめに量りながら作ります。
- 生米こうじで作る場合は、水の量を20〜30%減らして調整してください(乾燥米こうじよりも水分量を多く含むため)。
- 板状の米こうじの場合は、しっかりほぐしてから使用します。
- 水はミネラルウォーターまたは浄水を使用します。
- 保存容器はあらかじめアルコールで消毒しておきましょう。
- 調味料をすくう際はその都度、清潔なスプーンを使います。
- ふたの開閉は速やかに。使い終わったらすぐ冷蔵庫へ(温度変化で結露が発生し、傷むのを防ぐため)。ふたに水滴がついていればふき取りましょう。
- 冷凍する場合は冷凍可能な容器に移します。冷凍してもかたくならずに使えます。

冷蔵 2 週間

冷凍 2 カ月

塩糀

食材をやわらかくしたり旨味を引き出したり、
同時に塩味をプラスしてくれる万能調味料。
お塩の代わりに常備しておきましょう。

材料（約300mℓ分）

米こうじ（乾燥）……180g

天然塩……55g

水……180g

作り方

1 保存容器にすべての材料を入れ、よく混ぜ合わせる。

2 1をヨーグルトメーカーにセットし、60℃で6～8時間保温する。

3 ヨーグルトメーカーから取り出し、調理しやすいようブレンダーなどで撹拌する。

冷蔵3カ月
冷凍6カ月

和風糀

かつおや昆布、しいたけなどの粉末と醸しただしのきいた万能調味料。煮物や和え物、野菜炒めや汁物など和風メニューに便利です。

材料（約300mℓ分）

米こうじ（乾燥）……150g

天然塩……30g

天然だしパック（かつお・昆布・しいたけなどのミックス）
……3袋（1袋／約8g）

醤油（淡口《うすくち》）……60g

水……150g

作り方

1 保存容器にすべての材料を入れて（だしパックは袋から中身を出す）、よく混ぜ合わせる。

2 1をヨーグルトメーカーにセットし、60℃で8時間保温する。

3 ヨーグルトメーカーから取り出し、調理しやすいようブレンダーなどで攪拌する。

冷蔵3カ月
冷凍6カ月

memo

[illegible]を使用します。同量のかつお粉末でも代用可能です。

洋風糀

ほのかに香るセロリがアクセント！
旨味が濃縮されたコンソメ風味の万能調味料です。
洋風メニューに活躍してくれますよ。

材料（約250㎖分）

A
- 玉ねぎ（皮と芯を除いた正味）……200g
- セロリ（茎の部分）……30g

B
- 米こうじ（乾燥）……100g
- 天然塩……30g

作り方

1 Aをフードプロセッサーに入れて撹拌する（または、すりおろす）。

2 1とBをボウルでよく混ぜ合わせる。

3 2を保存容器に入れてヨーグルトメーカーにセットし、60℃で8時間保温する。

4 ヨーグルトメーカーから取り出し、調理しやすいようさらにブレンダーなどで撹拌する。

冷蔵3カ月
冷凍6カ月

memo

＊生米こうじで作る場合は、天然塩を3g追加してください。

中華糀

生姜の香りがアクセントの中華風味の万能調味料。
炒め物やスープ、和え物など
中華メニューにはかかせません。

材料（約350mℓ分）

A
- 玉ねぎ（皮と芯を除いた正味）……100g
- 生姜（皮ごと）……30g

B
- 米こうじ（乾燥）……120g
- 天然塩……20g
- 醤油……150g
- 水……20g

作り方

1. Aをフードプロセッサーに入れて撹拌する（または、すりおろす）。
2. 1とBをボウルでよく混ぜ合わせる。
3. 2を保存容器に入れてヨーグルトメーカーにセットし、60℃で8時間保温する。
4. ヨーグルトメーカーから取り出し、調理しやすいようさらにブレンダーなどで撹拌する。

冷蔵3カ月
冷凍6カ月

酒かす糀

酒かすベースの甘味のある万能調味料。
酒かすをなめらかなペースト状にしておくと
クリーム系のメニューにもすぐ使えて便利です。

材料（約220mℓ分）

酒かす（ほぐす）……100g

水……100g

米こうじ（乾燥）……120g

作り方

1 耐熱ボウルに水を入れて600Wの電子レンジで50秒加熱し、小さくちぎった酒かすを加えて5分ふやかす。

2 1をペースト状になるまで泡立て器でつぶしながら混ぜたら、米こうじも加えてスプーンでムラなく混ぜる。

3 2を保存容器に移してヨーグルトメーカーにセットし、60℃で8時間保温する。

4 ヨーグルトメーカーから取り出し、底からよく混ぜて粗熱を取り、冷蔵庫でひと晩寝かす（コクが生まれる）。

冷蔵3カ月
冷凍6カ月

memo

＊酒かすは板かす・バラかすどちらでも構いません。
ふやかす際は小さくちぎるなどして使用します。

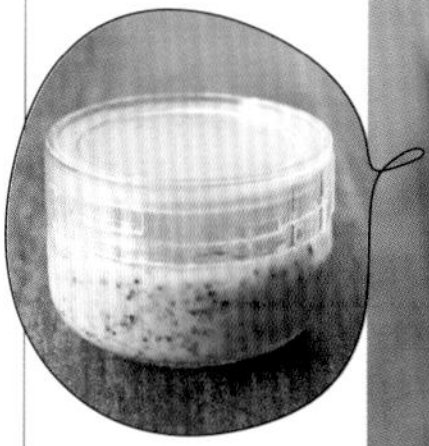

粒マスタード糀

ふっくらプチプチ食感が楽しくおいしい粒マスタード。お料理に加えたりソースにしたり、あると嬉しい調味料。

材料（約80mℓ分）

A｜米こうじ（乾燥）……30g
　｜粒マスタードシード（イエロー15g・ブラウン5g）……20g
　｜白ワインビネガー……20g
　｜水……40g

ターメリックパウダー……0.5g（ひとつまみ程度）

作り方

1 保存容器にAを入れ、よく混ぜる。

2 1をヨーグルトメーカーにセットして60℃で8時間保温する。

3 ヨーグルトメーカーから取り出し、ターメリックパウダーを加えて、米こうじの粒がある程度なくなるまで混ぜ合わせる。

冷蔵2カ月
冷凍4カ月

memo

* ターメリックパウダーは色つけ用です。入れすぎると香りが強くなってしまうため好みで調整してください。なくても作れます。
* 粒マスタードシードのイエローは辛さ控えめ、ブラウンは辛めなので配合は好みでアレンジしてみてください。
* さらに甘味が必要な場合はあとから甘糀を好みの甘さまで加えて調整することも可能です。（その場合の保存期間目安：冷蔵1カ月／冷凍3カ月）

だしみそ

かつおや昆布、しいたけなどの粉末を加えただしみそ。
即席のみそ汁やみそだれ、カレーの隠し味にも。
自家製のおみそもおいしいですよ。

材料（約250mℓ分）

米みそ（P21）（または好みのみそ）……300g

天然だしパック（かつお・昆布・しいたけなどのミックス）
……3袋（1袋／約8g）

作り方

1 ボウルに材料を入れて（だしパックは袋から中身を出す）、ムラなく混ぜたら保存容器に移す。

memo

＊みそは市販のもので代用可能です。麦みそや豆みそなど好みのもので作ってみてください。

＊だしパックは味つけされていない、天然素材のものを使用します。同量のかつお粉末でも代用可能です。

冷蔵3カ月

冷凍6カ月

おいしい米みその作り方

難しそうなみそも作ってみれば意外と簡単。
自分好みの熟成具合でいつものおみそ汁がもっとおいしく！

材料（約2.5kg分）

米こうじ（乾燥）1kg／大豆（乾燥）500g／
天然塩250g／大豆のゆで汁……200mlほど

作り方

1 大豆を洗い、大豆の3倍量の水（分量外）に18時間ほどひたしておく。

2 鍋に1の大豆とひたるくらいの水（分量外）を入れて中火にかけ、沸騰してきたらアクを取る。弱めの中火にして豆がやわらかくなるまで（指でつぶせるくらい）、ときどき減った分の水を足しながら3時間前後ゆでる。ゆで上がったら、ゆで汁（200mlほど）と大豆を分けて粗熱を取る。その間に、大きめのボウルに米こうじと塩を入れ、手ですり合わせて混ぜておく。

3 フードプロセッサーで2の大豆を撹拌したら米こうじと塩を合わせたボウルに入れ、ゆで汁を少量ずつ加えて耳たぶくらいのやわらかさになるよう調整しながらムラなく混ぜ合わせる。

4 3をこぶし大サイズに丸めてみそ玉を数個作り、保存容器にひとつずつ隙間（空気）が入らないようしっかり押しつけながら詰める（隙間があると発酵にムラができたりカビが生えやすくなったりするので注意）。表面を平らにし、空気に触れないようラップでしっかりおおい、約500gの重しをのせてふたをする。冷暗所に置いて半年〜1年熟成させる（みその中心部を試食してみて、好みの熟成具合になっていれば使用できる。以降は冷蔵庫で保存し、半分は冷凍保存しておくとよい）。

冷蔵 6 カ月
冷凍 1 年

糀マヨネーズ

卵不使用！ 手混ぜですぐ完成！
カラダにやさしい甘味たっぷりまろやかマヨネーズ。

材料（約200mℓ分）

甘糀（P12）……60g

塩糀（P14）……20g

りんご酢……10g

無調整豆乳……20g

アマニ油……80g

作り方

1 ボウルにすべての材料を入れて泡立て器でツノが立つくらいまでよく混ぜたら保存容器に移す。

冷蔵10日

冷凍1カ月

memo

＊さらにかために仕上げたい場合はブレンダーで撹拌してください。
＊油は香りの強くない他の油で代用可能です。
＊酢は、好みの酢（またはレモン果汁）で代用可能です。

糀ケチャップ

3つの材料を混ぜるだけ。
やさしい甘味と酸味がおいしい即席ケチャップ。

材料（約150mℓ分）

あらごしトマト（パック入り）……100g
甘糀（P12）……40g
洋風糀（P16）……20g

作り方

1 保存容器にすべての材料を入れてよく混ぜ合わせる。

冷蔵10日
冷凍1カ月

memo

＊トマトはカット缶などでも代用可能です。その際はトマトを細かくカット（または攪拌）します。
＊トマトパック（または缶）は開封してすぐのものを使用します（保存期間が変わってしまうため）。

糀コチュジャン

辛さ控えめで甘味も豊富で使いやすい。
和えたり炒めたり、ご飯のお供にもぜひどうぞ！

材料（約100mℓ分）

甘糀（P12）……80g

だしみそ（P20）……40g

韓国唐辛子粉（細びき粉）……8g

作り方

1 保存容器にすべての材料を入れてよく混ぜ合わせる。

冷蔵 1カ月

冷凍 2カ月

memo

＊辛さは控えめにしています。辛くする場合は唐辛子の量を増やしてみてください。

発酵キムチソース

スタミナたっぷり！辛さ控えめまろやかキムチソース。
どんな調理法とも相性抜群、アレンジ自在に楽しんで。

材料（約200mℓ分）

りんご（皮ごと）……100g（約1/2個）
甘糀（P12）……80g
塩糀（P14）……30g
醤油……30g
米酢……20g
韓国唐辛子粉（細びき粉）……10g
天然だしパック（かつお・昆布・しいたけなどのミックス）……1袋（約8g）
刻み昆布（乾燥）……5g
にんにく……6g（2片）
生姜（皮ごと）……5g

作り方

1 すべての材料をフードプロセッサー（またはミキサー）に入れて（だしパックは袋から中身を出す）、1分ほど撹拌したら保存容器に移す。

冷蔵 2カ月
冷凍 4カ月

memo

＊酢は、好みの酢で代用可能です。
＊だしパックは味つけされていない、天然素材のものを使用します。
＊キムチの他、冷奴やサラダのドレッシングとして[illegible]てお使いいただけます。

Column

私のお気に入り調味料

私の料理にかかせない
お気に入りの調味料をご紹介します。
色々と試して選び抜いた調味料です。
少しでもカラダにやさしいものを
使うように心がけています。

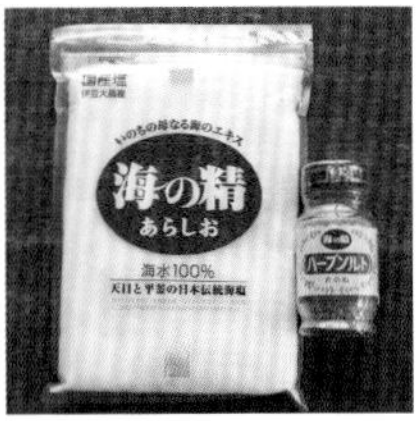

塩

甘味と旨味が調和した海水100%のミネラル豊富な天然塩。さわやかな香りのハーブソルトもおかず作りに重宝します（海の精 株式会社）。

米こうじ

バラ状で使いやすい乾燥タイプの米こうじ。クセがないのであらゆる発酵調味料作りにおすすめです。甘糀もしっかり甘く醸せておいしい。初心者さんにも使いやすいです（株式会社ますやみそ）。

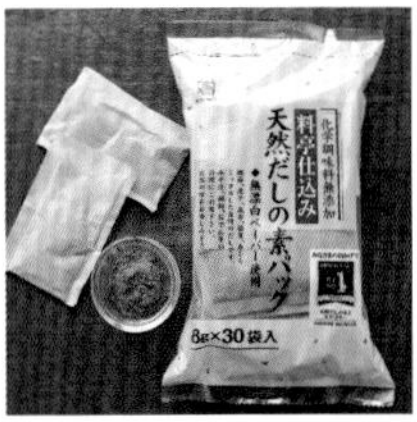

だしパック

かつお、昆布、しいたけ、あじ、煮干しの自然素材だけがミックスされた天然だしパック。さらっとなめらかな粉末状なので中身を出しても使いやすい。無漂白ペーパーなので袋ごと使う際も安心です（かね七株式会社）。

醤油

国産大豆と国産小麦から造られた丸大豆醤油（濃口・淡口／大徳醤油株式会社）を主に発酵調味料作りに使っています。国産米から造られた純米しょうゆ（株式会社 大正屋醤油店）は大豆・小麦不使用のグルテンフリーの醤油で最近のお気に入り。使い分けて楽しみます。

酢

酢が大好きで普段からお菓子やドリンク、おかず作りまで幅広く使用します。こちらの2種はすっきりとおいしいので長く愛用しています（玄米黒酢・純米酢／株式会社 飯尾醸造）。

米粉（製菓用）

小麦粉代わりとして、お菓子作りはもちろんクリームソースやカレーのとろみづけ、麺作りまで幅広く使用しています（株式会社波里）。

韓国産唐辛子（粉末）&
粒マスタードシード
（イエロー・ブラウン）

辛味の少ない唐辛子はキムチやコチュジャン作りなどに。粒マスタードシードは2種を好みに配合して自家製マスタード作りに最適です（ともに朝岡スパイス株式会社）。

油

圧搾一番しぼりの製法にこだわったカラダにやさしい油数種は長年愛用中（なたね油／米澤製油株式会社）（ごま油／株式会社山田製油）（アマニ油／株式会社朝日）（オリーブオイル／日仏貿易株式会社）。

2

ご飯がすすむ お肉のおかず

ボリューム満
いくつかご紹
お肉を糀調味
絡めたりして
糀に含まれる
お肉がやわら
また、消化吸
おいしくてカ
ダブル効果が

マッシュルームのミートローフ

肉の旨味と肉厚なマッシュルームの食感・断面も楽しんで。
冷やしてもかたくならないジューシーな一品です。

材料（18×9×5cmの型／1個分）

A
- 合いびき肉……200g
- 玉ねぎ（みじん切り）……100g（約1／2個）
- にんじん（あられ切り）……50g（約1／4本）
- だしみそ（P20）……大さじ1
- 甘糀（P12）……大さじ1
- 片栗粉……大さじ2
- 黒こしょう……1g

マッシュルーム……4個

B
- クレソン・粒マスタード糀（P19）・糀ケチャップ（P23）……好みで各適量

作り方

1 ボウルにAを入れてよくこねる。

2 型に1の肉だね2/3量を入れたら［a］、マッシュルームを逆さまにして肉だねの中に押し込むように並べていく［b］。残りの肉だねを加えて隙間なく平らになるように形をととのえる［c］。

3 オーブンを180℃に予熱する。2を入れて25分焼く（透明の肉汁が出ていたらOK）。庫内から出しそのままの状態で粗熱を取る。食べやすい大きさに切り分けて器に盛りつけ、Bを添える。

a

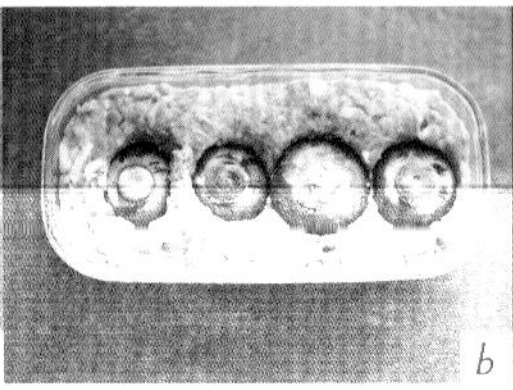
b

c

memo

＊熱いうちに切ると肉がくずれやすいため、粗熱を取ってから切るときれいに切り分けることができます。冷やすことも可能です。

＊何もつけずそのままでもお召し上がりいただけます。

冷蔵 2 日

冷凍 1 カ月

中華風鶏ハム

ヘルシーでしっとりやわらかい中華風味の鶏ハム。おかずの一品はもちろんサンドイッチに挟んだり、刻んでサラダにのせたり、色んな食べ方を楽しんで。

材料（2人分）

鶏むね肉……200〜300g（1枚）

中華糀（P17）……大さじ1と1/2

大葉……3枚

A | 糀マヨネーズ（P22）・糀コチュジャン（P24）・刻みねぎ……各適量

黒こしょう……適量

作り方

1 鶏肉の皮を取り除いてフォークで数カ所穴をあけ中華糀とともにポリ袋に入れてよく揉み込み1時間以上、冷蔵庫で寝かせる。大きめに切ったラップの上にのせ、しっかり密閉しながら包んで両端を結ぶ（破けないよう2重にするとよい）［a］。

2 鍋にたっぷりの湯を沸かし、1を入れて中火で5分ゆでる。火を止めてふたをし、そのまま1時間おき、余熱で火を通す。取り出してラップに包んだ状態で粗熱を取り、好みの厚さに切り分ける。大葉を敷いた器に盛りつけ、Aを添える。糀マヨネーズと鶏ハムに黒こしょうをふる。

a

memo

＊冷やしてサラダにしても、何もつけずそのままでもお召し上がりいただけます。

冷蔵3日

冷凍1カ月

ルゥ不要。発酵キーマカレー

ルゥも油も不要。具材を細かく切ることで味がなじみやすく時短調理に。素材の旨味を引き出したカラダにやさしい濃厚なカレーです。お好みでナムルや漬物、マリネを添えていただきます。

材料（2〜3人分）

A
- 合いびき肉……200g
- 玉ねぎ（みじん切り）……100g（約1／2個）
- にんじん（あられ切り）……50g（約1／4本）
- にんにく（おろす）……3g
- 生姜（皮ごとおろす）……5g
- クミンシード……小さじ1／2

B
- あらごしトマトパック（カット缶でも可）……200g（約1／2パック）
- 甘糀（P12）……大さじ3
- カレー粉……大さじ2
- だしみそ（P20）……大さじ1
- 醤油……大さじ1
- 米酢……大さじ1／2

ターメリックライス（または白米など）……適量

卵黄……1個分

C パセリ、黒こしょう……各適量

作り方

1 熱したフライパンにAを入れて中火で5分ほど炒めたら、Bを加えて8分ほど炒め煮する。

2 器にターメリックライスを盛りつけ1と卵黄をのせてCをふる。好みで、やみつききゅうり（P72）、紫キャベツのマリネ（P73）、にんじんのレーズンマリネ（P69）、ピーマンのだしナムル（P77）を添えても。

memo

＊みそや酢は、好みのもので代用可能です。

＊ターメリックライスは、米2合に小さじ1／2のターメリックパウダーを加えて炊きます。

冷蔵2日
冷凍1カ月

手作りソーセージのケチャップ絡め

シンプルな材料で作る皮なし無添加のソーセージ。
好みのスパイスを加えて、手作りならではのオリジナルの味わいを楽しめます。

材料（約10cm長さ／4本分）

A
- 豚ひき肉……200g
- にんにく（おろす）……3g
- ハーブソルト……2g
- 黒こしょう……1g

糀ケチャップ（P23）……大さじ3

B
- 粒マスタード糀（P19）・糀マヨネーズ（P22）・レタス・カットレモン……各適量

黒こしょう……好みで適量

作り方

1 ボウルにAを入れて全体にムラなくこねる。4等分にして丸めてから細長く成形し、大きめのラップに包む（両端をねじって結ぶ）［a］。

2 フライパンに1が2／3ほどひたるくらいの水を入れ、沸騰させる。1を入れて中火で（途中で転がしながら）5分ゆでて［b］火を止め、ふたをして10分余熱で火を通す。

3 2をラップから出して［c］糀ケチャップを絡める。器に盛りつけてBを添える。お好みでソーセージと糀マヨネーズに黒こしょうをふっていただく。

a

b

c

冷蔵3日
冷凍1カ月

スタミナ焼き肉

ご飯の上にのせたり、野菜で巻いたりして召し上がれ。
発酵キムチソースをたっぷり絡めてスタミナUP!!

材料（2人分）

牛薄切り肉……200g

A｜玉ねぎ（5mm幅のくし形切り）……100g（約1／2個）
　｜にんにく（みじん切り）……6g（2片）

なたね油……小さじ1／2

B｜発酵キムチソース（P25）……大さじ3
　｜黒酢……大さじ1

レタス……適量

C｜刻みねぎ･白炒りごま･ごま油……各適量

作り方

1 熱したフライパンに油をひき、Aを入れて中火で3分炒める。牛肉も加えて3分ほど炒め、肉の赤みがなくなったタイミングでBを加えて1分ほど絡め合わせる。レタスを敷いた器に盛りつけてCをふる。

memo

＊酢は、好みの酢で代用可能です。

冷蔵 2 日
冷凍 1 カ月

柚子こしょう香る塩麻婆豆腐

柚子こしょうの香りとピリリとした辛さがアクセント。
さっぱりとしていてコクがある、あとひくおいしい麻婆豆腐です。

材料（2人分）

絹豆腐（角切りにしてサッと水けをきっておく）
………400g（約1パック）

A
- 豚ひき肉………200g
- にんにく（みじん切り）………3g
- 生姜（皮ごとみじん切り）………3g

B
- 水………100mℓ
- 塩糀（P14）………大さじ1
- 醤油………大さじ1/2
- 柚子こしょう………小さじ1/2（好みで）
- 片栗粉………大さじ1/2

C
- 刻みねぎ・ごま油・粉山椒
  ………好みで各適量

作り方

1 （Bを混ぜ合わせておく。）熱したフライパンにAを入れて中火で2分ほど炒めたらBと豆腐も加えてふたをし、6分ほど煮込む（豆腐が温まればOK）。器に盛りつけてCをふる。

冷蔵2日

鶏せせりとまいたけの酒かすクリーム和え

旨味あるせせりと食感が楽しいまいたけに、酒かすクリームを絡めた味わい深い一品です。お酒のおつまみにもぜひどうぞ。

材料（2人分）

鶏せせり（5cm長さに切る）……100g

まいたけ（小房に分ける）……100g（約1パック）

なたね油……小さじ1

A｜酒かす糀（P18）……大さじ1
｜無調整豆乳……大さじ1
｜塩糀（P14）……小さじ1
｜醤油……小さじ1

レタス……適量

B｜黒こしょう・白炒りごま……各適量

作り方

1 （Aを混ぜ合わせておく。）熱したフライパンに油をひき、せせりを入れて中火で3分ほど炒めたら、まいたけを加えて2分炒め合わせ、Aを加えて全体に絡めながら1分ほど炒める。レタスを敷いた器に盛りつけてBをふる。

memo

＊酒かす糀にはアルコール分が含まれています。

冷蔵3日
冷凍1カ月

塩糀

手羽先のコラーゲンスープ

カラダの芯からぽかぽか！ レモンと合わせることでコラーゲンの吸収率UP！
こんにゃくの歯応えも楽しみましょう。

材料（2人分）

A | 手羽先……6本
  | 水……600mℓ

B | 長いも（乱切り）……100g
  | こんにゃく（短冊切り）……50g
  | 白ねぎ（5mm幅の輪切り）……50g
  | しいたけ（石突きを取って半分に切る）
  | 4枚
  | 生姜（[illegible]）……10g
  | [illegible]……3g
  | [illegible]……5g
  | クコの実……5g
  | 塩糀（P.10）……大さじ1と1/2
  | [illegible]……大さじ1

カットレモン……適量

C 糸唐辛子・粉山椒・黒こしょう……各適量

作り方

1 鍋にAを入れて中火で10分ほど煮たら（アクが出たらその都度、取り除く）、Bを加えて弱めの中火にし20分煮込む。器に盛りつけてカットレモンを添え、Cをふる。レモンを絞っていただく。

memo

[illegible]

冷蔵3日

砂肝のコリコリ炒め

コリコリ食感の砂肝と
洋風糀の相性が抜群の一品。
お酒のお供やご飯のおかずにもぜひ。

材料（2人分）

鶏の砂肝（5㎜厚さに切る）……200g
オリーブオイル……大さじ1/2
洋風糀（P16）……大さじ1/2
A｜醤油……小さじ1/2
　｜黒こしょう……適量
粒マスタード糀（P19）……適量

作り方

1 熱したフライパンにオリーブオイルをひき、砂肝を入れて中火で5分炒める。全体に火が通ったら洋風糀を加えて1分ほど炒め合わせて火を止め、Aを絡める。器に盛りつけ、粒マスタード糀を添える。

冷蔵3日
冷凍1カ月

甘糀・中華糀

なすと大葉の豚肉巻き

大葉の風味がアクセント。
豚肉の旨味がなすにギュッと染み込んだジューシーでご飯がすすむ一品です。

材料（2人分）

豚薄切り肉……6枚
大葉……6枚
なす（6等分に切る）
……50g（約1/2本）
なたね油……小さじ1

A
甘糀（P12）……大さじ2
中華糀（P17）……大さじ1/2
黒酢……大さじ1/2

白炒りごま……適量
かいわれ菜……適量

作り方

1 （Aを混ぜ合わせておく。）豚肉を広げて大葉となすをのせて端から巻く。

2 熱したフライパンに油をひいて中火にし、1の豚肉の巻き終わりを下にして並べる。2分ほど全体を焼いたらふたをして、4〜5分（焦げないよう途中フライパンを揺すって肉巻きを転がしながら）蒸し焼きにする。ふたを取ってAを加え、全体に絡めて火を止める。器に盛りつけて白炒りごまをふり、かいわれ菜を添える。

冷蔵3日
冷凍1カ月

3

お酒もすすむ
お魚のおかず

焼き物、蒸し物
和え物、煮物な
お酒にもぴった
いくつかご紹介
糀調味料は魚の
まろやかにしな
旨味もしっかり
好みの調理法で
作ってみてくだ

オイルサーディンの彩りサラダと糀のクリーミードレッシング

たんぱく質豊富なオイルサーディンと食物繊維たっぷりの野菜を合わせた、カラダも満足な彩りサラダ。糀のドレッシングをたっぷりかけて召し上がれ。

材料（2人分）

A
- オイルサーディン（食べやすい大きさに切る）……2尾
- ゆで卵（食べやすい大きさに切る）……2個
- フリルレタス（食べやすい大きさにちぎる）……50gほど
- ベビーリーフ……50gほど
- ブロッコリースプラウト……30g
- 黄パプリカ（細切り）……1/4個
- ミニトマト（半分に切る）……4個
- 紫キャベツ……適量
- フェンネル……適量

糀のクリーミードレッシング（わさび風味）

B
- 糀マヨネーズ（P22）……大さじ2
- 無調整豆乳……大さじ1
- 練りわさび……小さじ1/4（好みで）

作り方

1 器に*A*を盛りつけ、混ぜ合わせた*B*を添える。

memo

みぞれ牡蠣と牡蠣スープ

牡蠣のプリプリ食感と濃厚な旨味に、さっぱりとしたみぞれ大根を合わせて。
牡蠣エキスたっぷりの蒸し汁も絶品なので残さず召し上がれ。

材料（1〜2人分）

牡蠣（生食用／むき身）
……100gほど（小10粒／大5粒ほど）

A | 水……500mℓ
　| 塩……大さじ1

B | 酒……50mℓ
　| 水……50mℓ

みぞれ大根

C | 大根（おろす）……50g（皮をむいた正味）
　| 米酢……大さじ1／2
　| 和風糀（P15）……小さじ1

カットすだち……適量

D | 刻みねぎ・七味唐辛子……各適量

作り方

1 Cを混ぜ合わせて器に盛りつけておく。ボウルにAを合わせて塩水を作り、牡蠣を入れてやさしく振り洗う（塩水を替えて同じように再度洗う）。水けをしっかりきる。

2 フライパンにBを入れて中火にかけ、沸騰したら1の牡蠣を加えてふたをし、3分ほど蒸し焼きにする（身がふっくらすればOK）。1の器に盛りつけカットすだちを添え、Dをふる。

3 2のフライパンに残った蒸し汁は牡蠣のエキスたっぷりでとてもおいしいので、ねぎを加えてそのままスープとしていただく。

memo

＊水の量に対して3％濃度の塩水で牡蠣を洗うことで、身の縮みを極力抑えることができます。

甘糀・洋風糀

さばのカレームニエル

ほのかに香るカレー風味と甘糀のやさしい甘味が加わったさばのムニエル。さわやかなレモンの香りもプラスして。

材料（2人分）

さば（切り身）……150g前後（約3×8cm／5切れ）

塩……ふたつまみ

片栗粉……大さじ1／2

オリーブオイル……大さじ1

A | 甘糀（P12）……大さじ1
洋風糀（P16）……小さじ1／2
カレー粉……小さじ1／4

B | ブロッコリースプラウト・カットレモン……各適量

作り方

1. さばの両面に塩をふって5分おき、水でサッと洗い流す。キッチンペーパーで水分をしっかりふき取り、両面に片栗粉を薄くまぶす（余分な粉は落とす）。（*A*を混ぜ合わせておく。）
2. 熱したフライパンにオリーブオイルをひき、**1**のさばを入れて中火で両面4分ずつ火が通るまでしっかり焼いて火を止め、*A*を加えて全体に絡める。*B*をのせた器に盛りつける。

memo

＊さばは骨抜きしたものを使用しています。

冷蔵3日

冷凍1カ月

さっぱりいか大根

和風糀に生姜をきかせて煮込んだいか大根。
みりんや砂糖の代わりに甘糀で甘味をプラスしたご飯に合う一品です。
冷凍保存にも向いていますよ。

材料（2人分）

するめいかの切り身……200g（約1パイ）

A
- 大根（1cm厚さのいちょう切り）……200g（約1／5本）
- 水……200mℓ
- 酒……50mℓ
- 生姜（皮ごとおろす）……5g
- 甘糀（P12）……大さじ3
- 和風糀（P15）……大さじ2

作り方

1 いかはサッと洗って水けをきっておく。鍋にAを入れて中火にかけ、途中でアクを取りながら15分煮る。さらに、いかを加えて5分煮る。そのまま一旦粗熱を取る。煮汁と一緒に器に盛りつける。

memo

冷蔵 3 日
冷凍 1 カ月

まろやかえびチリマヨ

プリプリのえびに数種類の糀ソースを絡めて、濃厚で至福な味わいに。おかずやサラダにもぜひどうぞ。

冷蔵3日
冷凍1カ月

材料（2人分）

殻つきえび……180g前後（約10尾）

A｜にんにく（みじん切り）……3g
　｜なたね油……大さじ1／2

B｜洋風糀（P16）……小さじ1
　｜糀ケチャップ（P23）……大さじ2
　｜糀マヨネーズ（P22）……大さじ1
　｜黒こしょう……適量

C｜レタス・パセリ……各適量

作り方

1. 殻をむいたえびの背に縦に切り込みを入れて背わたを取り除いてサッと洗い、キッチンペーパーで水けをふき取る。（Bを混ぜ合わせておく。）
2. 熱したフライパンにAと1のえびを入れて、中火で3〜4分（両面を返しながら）焼いて火を止める。Bを加えて全体に絡め、Cをのせた器に盛りつける。

海鮮ユッケ

シンプルな味つけで手軽においしい海鮮ユッケ。卵黄も絡めてまろやかさもプラスして。おつまみにもおすすめです。

材料（1人分）

A｜刺身（食べやすい大きさに切る）……150g前後
塩糀（P14）……小さじ1
醤油……小さじ1/2〜1
ごま油……小さじ1

卵黄……1個分
大葉……2枚
B 白炒りごま・刻みねぎ……各適量

作り方

1 ボウルにAを入れて全体に混ぜ合わせる。大葉を敷いた器に盛りつけ、卵黄をのせてBをふる。

memo

甘糀

まぐろの山椒しぐれ

山椒香るご飯のお供。
まぐろの切り落としを見つけたら
作りおきしておきたい一品です。

材料（作りやすい分量）

A｜まぐろ切り落とし（小さめに刻む）……… 100g
｜生姜（皮ごと千切り）…… 10g
｜甘糀（P12）…… 大さじ3

なたね油 …… 小さじ1

B｜醤油 …… 小さじ2
｜粉山椒 …… 小さじ1/4～1/2（好みで）

温かいご飯・刻みねぎ …… 各適量

冷蔵 1週間

冷凍 1カ月

作り方

1 熱したフライパンに油をひき、Aを入れて中火で5～6分焦げないように全体を炒め合わせる。火を止めてBを加えて全体に絡める。ご飯の上にのせてねぎを散らす。

お魚のおかず

ししゃもの酒かすグリル

甘味たっぷりの酒かす糀でししゃもをめかし、グリルで香ばしく焼き上げる一品。
おかずやおつまみにぴったりですよ。

材料（2人分）

ししゃも……6尾

A｜酒かす糀（P18）……大さじ1
｜醤油……小さじ1/2

大葉……2枚

作り方

1 Aを混ぜ合わせて、ししゃもの表面に均等に塗る。グリルで8〜10分、焼き色がつくまで焼く。大葉を敷いた器に盛りつける。

memo

＊酒かす糀にはアルコール分が含まれています。

冷蔵 2 日
冷凍 1 カ月

塩糀・糀コチュジャン

2種の小えびの酒盗

お酒のお供に小えびの塩辛とピリ辛。サッと和えてすぐ完成、おせち料理の一品にもぜひどうぞ。

材料（量・各大さじ1ほど）

小えびの塩辛

A 小えび（乾燥）……3g
塩糀（P14）……8g

小えびのピリ辛

B 小えび（乾燥）……3g
糀コチュジャン（P24）……8g

作り方

1 AとBを、それぞれボウルに入れて混ぜ合わせる。

冷蔵10日
冷凍3カ月

memo

・小えびの他、桜えびやじゃこなどでアレンジ可能です。
＊量は好みで調整してください。

お魚のおかず

糀コチュジャン

たこのコチュジャン和え

ゆでだこに、コクと甘味たっぷりの糀コチュジャンを絡めた食べ応えある一品です。

材料（2人分）

ゆでだこ（食べやすい大きさに切る）……150g

A | 糀コチュジャン（P2[illegible]）……大さじ1
米酢……小さじ1
ごま油……小さじ1
白炒りごま……小さじ1

刻みねぎ……適量

作り方

1 ボウルにAを入れて混ぜ、たこを加えて和える。器に盛りつけてねぎを散らす。

memo

冷蔵 2 日

冷凍 1 カ月

4

ちゃちゃっと シンプル副菜

シンプルな材
シンプルな工
シンプルな味
時間をかけず
ちゃちゃっと
少ない調味料
しっかり味が
糀調味料の便
実感できるメ

ほんのり甘い卵焼き

甘糀を加えて焼いた、しっとりと上品な甘味が特徴の卵焼き。おうちご飯やお弁当にもおすすめですよ。

材料（作りやすい分量）

A｜卵……2個
｜甘糀（P12）……大さじ1と1/2
｜醤油（淡口《うすくち》）……小さじ1

なたね油……小さじ1

B｜大根おろし・醤油……各適量

大葉……3枚

作り方

1 ボウルに*A*を混ぜて卵液を作る。熱した卵焼き器に油をひき、卵液を数回に分けて流し入れながら巻いていく。

2 *1*を巻きすで包み、輪ゴムで数カ所とめて、そのまま冷ます。好みの大きさに切り分けて大葉を敷いた器に盛りつけ、*B*を添える。

memo

＊甘糀を加えているので冷凍してもパサつきません。数秒レンジ加熱、または自然解凍でいただきます。

＊そぼろ卵にする場合は、熱したフライパンに油をひいて*A*を入れ、3本の菜箸でほぐしながらまんべんなくそぼろ状に炒ります。

冷蔵 3 日
冷凍 1 カ月

きのこの和風ソテー

きのこと相性抜群の和風糀を炒め合わせれば、ヘルシーでおいしいおかずが完成。
またすぐ作りたくなる手軽な一品です。

材料（作りやすい分量）

A | まいたけ（小房に分ける）……100g（約1パック）
　 | しめじ（小房に分ける）……100g（約1パック）

なたね油……小さじ1

B | 和風糀（P15）……大さじ1
　 | 黒こしょう……適量

作り方

1 熱したフライパンに油をひいて、*A*を入れてふたをし、中火で3〜4分蒸す。*B*を加えて1分ほど炒め合わせる。

memo

＊好みのきのこで代用可能です。
＊好みでわさびを加えても違った風味を楽しめます。

冷蔵 3 日
冷凍 1 カ月

中華風ねぎもやし

もやしのシャキシャキ食感と、ほどよい酸味があとひくおいしさ。
さっぱりといただける一品です。

材料（作りやすい分量）

もやし……200g（約1袋）

A
- 中華糀（P17）……大さじ1
- 黒酢……大さじ1/2
- ごま油……大さじ1/2
- 白炒りごま……小さじ1
- 刻みねぎ……大さじ3

作り方

1 耐熱ボウルにもやしを入れてラップをかけ、600Wの電子レンジで2分加熱する。ザルに上げてサッと水にくぐらせ少量ずつしっかり絞り、Aと和える。

memo

＊酢は、好みの酢で代用可能です。
＊仕上がりが水っぽくなってしまわないよう、加熱後はもやしの水分をしっかりと絞ります。

冷蔵3日
冷凍1カ月

紫キャベツの中華ナムル

彩りきれいな紫キャベツを
中華風にアレンジした手軽な一品。
我が家にかかせない定番おかずです。

材料（作りやすい分量）

紫キャベツ（千切り）
………200g（芯を取り除いた正味・約1／4個）

塩糀（P14）………大さじ1

A
- 中華糀（P17）………大さじ1／2
- 米酢………大さじ1
- ごま油………大さじ1／2
- 白炒りごま………小さじ1

作り方

1 紫キャベツに塩糀を揉み込んで5分おき、水分をしっかり絞ってAと和える。

memo

＊酢は、好みの酢で代用可能です。

冷蔵5日
冷凍1カ月

粒マスタードれんこん

シャキシャキれんこんと
プチプチマスタードの食感がおいしいれんこんのおかず。

材料（作りやすい分量）

れんこん（皮ごと薄切り）……100g（約1/2節）

A
- 甘糀（P12）……大さじ1
- 粒マスタード糀（P19）……大さじ1/2
- 醤油……小さじ1

作り方

1 （Aを混ぜ合わせておく。）れんこんをサッと水にくぐらせる。耐熱ボウルに入れてラップをかけ、600Wの電子レンジで3分加熱する。ザルに上げて、れんこんの水分をキッチンペーパーでふき取り、温かいうちにAと和える。

memo

＊れんこんが大きい場合は半月切りにします。

冷蔵3日

冷凍1カ月

塩糀・甘糀

にんじんのレーズンマリネ

レーズンの甘味と黒こしょうがアクセントの彩りきれいなにんじんのマリネ。

材料（作りやすい分量）

にんじん（千切り）……100g（約1/2本）
塩糀（P14）……大さじ1
A｜甘糀（P12）……大さじ1
　｜白ワインビネガー……大さじ1
　｜レーズン……15g
　｜黒こしょう……適量
ディル……適量

作り方

1 にんじんに塩糀を揉み込んで5分おき、水分をしっかり絞ってAと和える。器に盛りつけディルを添える。

memo

＊白ワインビネガーは、好みの酢で代用可能です。

冷蔵5日
冷凍1カ月

大豆のシンプルサラダ

水煮大豆と糀マヨネーズを和えるだけの最も手軽なシンプルサラダ。好みのフレーバーをプラスしてアレンジ自在に楽しんで。

材料（作りやすい分量）

A｜水煮大豆（水けをしっかりきる）……100g
　｜糀マヨネーズ（P22）……大さじ2

B｜黒こしょう・刻みパセリ……各適量

作り方

1 ボウルでAを混ぜ合わせ、器に盛りつけBをふる。

memo

＊カレー粉や柚子こしょう、粉山椒など好みで加えてバリエーションを楽しんでみてください。

冷蔵 3 日

冷凍 1 カ月

甘糀

ミニトマトの甘酒マリネ

ビネガーの酸味でさっぱりおいしいミニトマト。
夏は、凍らせるのもおすすめです。

材料（作りやすい分量）

ミニトマト……10個

A
- 甘糀（P12）……大さじ1
- 白ワインビネガー……大さじ1/2
- オリーブオイル……小さじ1/2

ディル……適量

作り方

1 鍋に湯を沸かし、ミニトマトを20秒ほど入れたら冷水に取り皮をむく。保存容器でAと合わせて冷蔵庫でひと晩おく。器に盛りつけディルを添える。

memo

＊白ワインビネガーは、好みの酢で代用可能です。

冷蔵 5 日

冷凍 1 カ月

やみつききゅうり

きゅうりをざっくり切って揉み込むだけ。
パクパクすすむお漬物。

材料（作りやすい分量）

きゅうり（小さめの乱切り）……100g（約1本）
米酢……大さじ1
中華糀（P17）……大さじ1
ごま油……大さじ1／2
白炒りごま……小さじ1／2

作り方

1 ポリ袋にすべての材料を入れてよく揉み込み、冷蔵庫で1時間以上冷やす。

memo

＊酢は、好みの酢で代用可能です。

冷蔵3日
冷凍1カ月

塩糀・甘糀

紫キャベツのマリネ

サラダやおかずのつけ合わせに彩りを添えて。
黒こしょうが隠し味の定番副菜。

材料（作りやすい分量）

紫キャベツ（千切り）……200g
（芯を取り除いた正味・約1/4個）

塩糀（P14）……大さじ1

A｜甘糀（P12）……大さじ1と1/2
｜白ワインビネガー……大さじ1
｜黒こしょう……適量
｜オリーブオイル……小さじ1

ディル……適量

作り方

1 紫キャベツに塩糀を揉み込んで5分おき、水分をしっかり絞ってAと和える。器に盛りつけディルを添える。

冷蔵 5 日

冷凍 1 カ月

memo

＊白ワインビネガーは、好みの酢で代用可能です。

甘塩ココナッツさつまいも

ココナッツの風味香るほっこり甘いさつまいも。
あると嬉しい箸休めにぴったりな副菜です。

材料（作りやすい分量）

さつまいも（皮ごと5mm厚さの輪切り）
……100g（約1/2本）

ココナッツオイル……小さじ1

A | 甘糀（P12）……大さじ1
塩糀（P14）……小さじ1/4
黒炒りごま……小さじ1/2

作り方

1 さつまいもをサッと水にくぐらせる。耐熱ボウルに入れてラップをかけ、600Wの電子レンジで3分加熱する（串が通ればOK）。ボウルの底にたまった水けをキッチンペーパーでふき取り、さつまいもが温かいうちにココナッツオイルを絡めてから、Aを和える。

memo

＊ココナッツオイルはかたまっていてもOK。

冷蔵3日
冷凍1カ月

スモーク風うずら卵

どこかスモークしたような香りと甘味を楽しんで。漬け床も再利用して使いましょう。

材料（5個分）

うずら卵……5個

漬け床

A｜和風糀（P15）……60g
　｜甘糀（P12）……40g

作り方

1　鍋に湯を沸かし、おたまにうずら卵をのせてそっと湯の中に入れる。中火で2分ゆでたら氷水に取り、冷えたら殻をむく。

2　保存容器にAを入れてよく混ぜ、水けをふいた1を漬け込む。

memo

＊ひと晩〜2日目でしっかりと漬かります。長く漬け込むほど塩味が強くなります。好みの味で漬け込んでみてください。漬かったら、漬け床をサッと洗っていただきます。

＊漬け床は卵焼きに入れたりスープの味つけに再利用できます。

例）卵焼き＝卵2個＋漬け床大さじ1を合わせていつも通り卵焼きを作る。

冷蔵5日

ピーマンのだしナムル

ピーマンの風味に和風味が調和。
レンジで手軽に、絡めるだけの簡単おかず。

材料（作りやすい分量）

ピーマン（細切り）……… 100g（約3個）

A｜和風糀（P15）………大さじ1/2
　｜米酢……大さじ1/2
　｜ごま油………小さじ1
　｜白炒りごま……小さじ1

作り方

1 耐熱ボウルにピーマンを入れてラップをかけ、600Wの電子レンジで1分30秒加熱する。ボウルの底にたまった水分をキッチンペーパーでふき取り、Aを加え混ぜる。

冷蔵 3 日

冷凍 1 カ月

memo

＊酢は、好みの酢で代用可能です。

Column

お家でできる！簡単キムチレシピ

冷蔵 1 週間

いろいろ野菜の水キムチ

さまざまな野菜を漬け込んだ、さっぱりとおいしいサラダ感覚の辛くないキムチ。乳酸菌たっぷりの漬け汁もまるごとどうぞ。

a

b

c

材料（約500mℓ分）

A
- 漬け野菜（白菜・にんじん・大根・きゅうり・ズッキーニなど好みの野菜）（全体的に同じ大きさになるよう薄切り）……300gほど
- 塩糀（P14）……大さじ2

B
- りんご（皮ごと5mm厚さのいちょう切り）……100g（約1/2個）
- 生姜（皮ごとおろす）……5g
- にんにく（おろす）……5g
- 赤唐辛子（種を取る）……1～2本
- 塩糀（P14）……大さじ1
- 甘糀（P12）……大さじ1
- 米酢……大さじ1～2（好みで調整）
- ホエー（P102）……130～150g前後

作り方

1 Aを合わせて1分間しっかり揉み込んで15分ほどおいたら、少量ずつしっかりと絞ってボウルに入れる［a］。

2 1とBを混ぜ合わせ［b］、保存容器に入れる［c］。1日常温（日光の当たらない場所）に置き、それ以降は冷蔵庫で保存する（ひと晩置いたら、食べられる）。

memo

＊酢は、好みの酢で代用可能です。
＊ホエーは、豆乳や牛乳、ヨーグルトから生じる液体のこと。ここでは、わさび香る豆乳クリームチーズ（P102）で水きりしたホエーを再利用しています。
＊水キムチ冷麺（P88）にもおすすめです。
＊重しを使うとしっかり漬かりますが、なくても構いません。

a

b

塩糀・発酵キムチソース

白菜キムチ

辛さと甘さのバランスがほどよいキムチソースに白菜を漬け込んで。発酵パワーがギュッと詰まったまろやかなキムチです。

材料（約500mℓ分）

A | 白菜（3cm幅に切る）……300g（約5枚）
塩糀（P14）……大さじ2

発酵キムチソース（P25）……100g

作り方

1 Aを合わせて1分間しっかり揉み込んで15分ほど置いたら、少量ずつしっかり絞ってボウルに入れる。

2 1とキムチソースを合わせてムラなく全体になじませて［a］保存容器に入れる［b］。1～3日、常温（日光の当たらない場所）に置く。それ以降は冷蔵庫で保存する。

memo

＊白菜の水分が出やすいので漬ける前にしっかりと絞っておきます。仕上げにキッチンペーパーに包んで絞ってもよいでしょう。

＊漬けてすぐに食べられますが時間が経つごとに旨味と酸味が増します。好みの漬かり具合をみつけてみてください。キムチソースはあとで追加することも可能です。好みに加減してください。

冷蔵2週間
冷凍2カ月

5

お腹満足！
主食あれこれ

焼きめしやオ
チヂミやつけ
洋食から和食
お腹も満たさ
メニューをご
酒かすのクリ
厚揚げのラザ
一風変わった
ぜひお試しく

厚揚げとトマトのラザニア風

厚揚げとクリームソース、ケチャップなどを交互に重ねて
ラザニア風に焼き上げた、とてもお腹が満たされる一品です。

材料（1人分）

厚揚げ（半分の厚さに切ってから4等分に切る）……140g（約1枚）
トマト（さいの目切り）……100g（約1/2個）

発酵クリームソース

A
- 無調整豆乳……50mℓ
- 酒かす糀（P18）……大さじ1
- 洋風糀（P16）……小さじ1
- 醤油……小さじ1/2
- 米粉（製菓用）……小さじ1/2

糀ケチャップ（P23）……大さじ2

B
- アンチョビ……1切れ
- シュレッドチーズ……大さじ1～2
- 黒こしょう……適量

刻みパセリ……適量

作り方

1 発酵クリームソースを作る。耐熱ボウルにAを入れてムラなく混ぜ合わせ、600Wの電子レンジで1分～1分20秒加熱して再度混ぜる（少しとろみがつけばOK）。

2 グラタン皿（耐熱皿）に、厚揚げ（半量）を入れ、その上にトマト（半量）［a］、1のクリームソース（半量）［b］、糀ケチャップ（半量）［c］の順に重ねていく。同じように残りの具材とソースを重ねたら、Bをトッピングする。

3 グリルに2を入れて、10分ほどこんがり焼いたら、刻みパセリをふる。

memo

＊ここでは四角い厚揚げを使用しています。
＊厚揚げの油が気になる場合は切る前に熱湯をまわしかけてふき取り、油抜きをしてください。
＊酒かす糀にはアルコール分が含まれています。

よくばりつけ麺

ヘルシーなそばも、豆乳ベースのつけだれで食べるといつもと違った味わいに。今回は、そばですが、中華麺やうどんでもおいしくいただけます。

材料（1人分）

そば（生）……100g前後
刻みのり……適量

3種のつけだれの材料

和風つけだれ

A | 無調整豆乳……50mℓ
和風糀（P15）……小さじ1
酢……小さじ1/2
白すりごま……小さじ1

B | 粉山椒・刻みねぎ……各適量

スタミナつけだれ

C | 無調整豆乳……50mℓ
発酵キムチソース（P25）……大さじ1

D | ごま油・刻みねぎ……各適量

みそカレーつけだれ

E | 無調整豆乳……50mℓ
だしみそ（P20）……小さじ1/2
カレー粉……小さじ1/2

F | うずら卵……1個
かつお節・刻みねぎ……各適量

作り方

1 3種類のつけだれを作る。和風つけだれは、器にAの材料をすべて入れて混ぜ合わせ、Bをトッピングする。

2 スタミナつけだれは、器にCの材料をすべて入れて混ぜ合わせ、Dをトッピングする。

3 みそカレーつけだれは、器にEの材料をすべて入れて混ぜ合わせ、Fをトッピングする。

4 鍋にたっぷりの湯を沸かし、そばを入れて袋の表示通りにゆでる。ザルに上げて冷水でしめ、水けをきる。器に盛りつけて刻みのりをのせ、3種のつけだれでいただく。

memo

＊そばの他、好みの麺類で代用可能。[illegible]
＊温かいつけだれにする場合は、耐熱カップに豆乳を入れて600Wの電子レンジで30秒ほど温めてから調味料を加えると手軽です。

オムライス

糀ケチャップをふんだんに使い、昔ながらのオムライスを再現。
ひと口食べるとどこか懐かしい素朴な風味が口いっぱいに広がります。

材料（*1*人分）

チキンライス

鶏むね肉（さいの目切り）……60g

A
- 玉ねぎ（あられ切り）……50g（約1/4個）
- にんじん（あられ切り）……40g（約1/5本）
- ピーマン（あられ切り）……20g（約1/2個）

オリーブオイル……大さじ1/2

B
- 糀ケチャップ（P23）……大さじ2
- 醤油……小さじ1/2
- 黒こしょう……適量

ご飯……120g

薄焼き卵

C
- 卵……2個
- 塩糀（P14）……小さじ1/2

オリーブオイル……小さじ1/2

D
- 糀ケチャップ（P23）・パセリ・ミニトマト・黒こしょう……各適量

作り方

1 チキンライスを作る。熱したフライパンにオリーブオイルをひき、鶏肉を入れて中火で1分ほど炒めたらAを加えて5分ほど炒め合わせる。全体に火が通ったらBを加えてサッと絡め、ご飯も加えて木ベラで切るようにほぐしながら1分ほど炒め合わせる。一旦お皿に移す。

2 薄焼き卵を作る。ボウルにCを入れ混ぜ合わせる。熱したフライパンにオリーブオイルをひき、フライパンの中央にCを流し入れて円を描くように広げ、弱めの中火で2〜3分焼く。

3 2の薄焼き卵のまん中に1のチキンライスを細長くなるようにのせ、卵の両側をかぶせて形をととのえる。逆さまに器に盛りつけてDを添える。

memo

＊ここでは直径26cmのフライパンを使用しています。

水キムチ冷麺

色とりどりの野菜を漬け込んだサラダ感覚の水キムチとライスヌードルを合わせた一品。乳酸菌たっぷりのスープもまるごといただきます。

材料（*1*人分）

フォー（ライスヌードル）……*50〜60g*

水キムチ（*P78*）……好みの分量（フォーがひたる程度）

A ゆで卵……*1*／2個

カットすいか・クコの実・糸唐辛子・白炒りごま・黒炒りごま・大葉……各適量

作り方

1 鍋に湯を沸かし、フォーを袋の表示通りにゆでたあと冷水でしめて、しっかり水きりして器に盛りつける。

2 *1*のフォーがひたる程度の水キムチを具材と共に加えて、*A*を添える。お好みで酢（分量外）をかける。

ツナとレモンの冷製ヌードル

レモンとヨーグルトのほどよい酸味とツナがとてもよく合う冷製ヌードル。添え野菜と仕上げの黒こしょうもアクセントのさわやかな一品です。

材料（1人分）

フォー（ライスヌードル）……50〜60g

A
- ツナフレーク（軽く汁けをきる）……50g（約1袋）
- プレーンヨーグルト……50g
- 洋風糀（P16）……大さじ1/2
- 醤油……小さじ1
- レモン果汁……小さじ1

B
- ゆでアスパラガス（ななめ3等分に切る）……1本
- ミニトマト（3等分に輪切り）……2個
- カットレモン……1枚分
- 刻みパセリ・黒こしょう……各適量

作り方

1. 鍋に湯を沸かし、フォーを袋の表示通りにゆでたあと冷水でしめて、しっかり水きりする。
2. ボウルにAを混ぜ合わせる。1のフォーを加えて絡め、器に盛りつけBを添える。

memo

＊麺は、冷やむぎ、素麺など好みのもので代用可能です。量は加減してください。

和風糀

カルシウム焼きめし

シンプルな材料・シンプルな味つけでちゃちゃっと作るカルシウム焼きめし。おじゃこと刻みのりがアクセントの一品です。

材料（*1*人分）

A｜ご飯……*150g*
　｜ちりめんじゃこ……*10g*

なたね油……小さじ*1*

B｜卵……*1*個
　｜和風糀（*P15*）……大さじ*1/2*

C｜刻みねぎ・刻みのり・七味唐辛子……各適量

作り方

1　（*B*を混ぜ合わせておく。）熱したフライパンに油をひき、*B*を入れて中火で卵が半熟くらいになるまで木ベラで炒めたら*A*を加え、全体をほぐしながら*3*分ほど炒め合わせる。器に盛りつけ*C*をふる。

memo

＊ご飯は、玄米など好みのもので代用可能です。

冷蔵 2 日

冷凍 1 カ月

納豆とニラのもっちりチヂミ

カリッともっちり米粉のチヂミ。
納豆と桜えび、ニラもたっぷり加えてスタミナアップ。
黒酢たれでさっぱりといただきます。

材料（1枚分）

A
- 粒納豆……50g前後（約1パック）
- ニラ（3cm長さに切る）……100g（約1束）
- 桜えび……10g

B
- 中華糀（P17）……大さじ1と1/2
- 水……140mℓ
- 米粉（製菓用）……80g
- 片栗粉……50g

ごま油……大さじ1
糸唐辛子……適量
C 黒酢・ごま油・黒こしょう・白炒りごま……各適量

冷蔵 1 日
冷凍 1 カ月

作り方

1. ボウルにBを入れてよく混ぜ合わせたらAを加えて全体にざっくり絡める。
2. 熱したフライパンにごま油をひき、1を流し入れてフライパン全体に均等に広げ、中火で両面5～6分ずつ焼く（さらにカリッとさせる場合はごま油を適量追加して全体に焼く）。好みの大きさに切って器に盛りつけ、糸唐辛子をのせる。合わせたCをつけていただく。

memo

＊酢は、好みの酢で代用可能です。
＊桜えびは、小えびやじゃこなどで代用可能です。
＊ここでは直径26cmのフライパンを使用しています。

和風糀

しらすとねぎのだし粥

消化に良く胃腸にやさしいだし粥。
肌寒い季節に温かい、心ほぐれる一杯をどうぞ。

材料（1人分）

A
- ご飯……100g
- 水……150mℓ
- 和風糀（P15）……大さじ1／2

B
- しらす……大さじ1ほど
- 刻みねぎ・クコの実・粉山椒……各適量

作り方

1 鍋にAを入れて3分ほど中火にかける。器に盛りつけてBをトッピングする。

memo

＊ご飯は、玄米など好みのもので代用可能です

6

即席ちょこっとスープ

お湯を注ぐだ
レンジで即席
糀調味料を混
バラエティに
簡単スープが
バタつく朝や
もう一品欲し
とても便利で
栄養たっぷり

糀ケチャップ

トマトのヨーグルトスープ

トマトの酸味とヨーグルトのクリーミーさがほどよく調和したお手軽スープ。ヘルシーでさっぱりといただけます。

材料（1人分）

A　水……80mℓ
　　トマト（さいの目切り）
　　……50g（約1/4個）

B　糀ケチャップ（P23）……大さじ1
　　醤油……小さじ1/2

C　ギリシャヨーグルト……大さじ1
　　かいわれ菜・カットレモン・黒こしょう
　　……各適量

作り方

1　耐熱の器にAを入れて、600Wの電子レンジで1分ほど加熱する（ラップはせずに）。Bを加えて混ぜ合わせ、Cをトッピングする。

memo

＊スープの濃度は好みに加減してください。
＊ギリシャヨーグルトがない場合には、無糖のヨーグルトでもOK。

小えびとわかめの中華スープ

カルシウムとミネラルたっぷりの濃厚でコクのある中華スープ。
具だくさんの小えびとわかめ、ごま油もアクセントに召し上がれ。

材料（1人分）

水……120mℓ

A
- 中華糀（P17）……小さじ2
- 黒酢……小さじ1/4

B
- 小えび（乾燥）……1g
- わかめ（乾燥）……1g

刻みねぎ・白炒りごま・クコの実・ごま油・ラー油……各適量

作り方

1 耐熱の器に水を入れて、600Wの電子レンジで1分ほど加熱する（ラップはせずに）。Aを加えて混ぜ合わせ、Bをトッピングする。

memo

＊スープの濃度は好みに加減してください。
＊酢は、好みの酢で代用可能です。

和風チーズの豆乳カレースープ

濃厚な豆乳ベースのだしカレースープにチーズを加えた、
クリーミーでマイルドな味わいのスープ。
かつお節を加えることで風味もアップ！

材料（1人分）

- A
  - 水……50mℓ
  - 無調整豆乳……50mℓ
- B
  - 和風糀（P15）……小さじ1
  - 醤油……小さじ1/2
  - カレー粉……小さじ1/4
- C
  - シュレッドチーズ……10g
  - かつお節・刻みねぎ・黒炒りごま・クコの実……各適量

作り方

1 耐熱の器にAを入れて、600Wの電子レンジで1分ほど加熱する（ラップはせずに）。Bを加えて混ぜ合わせ、Cをトッピングする。

memo

＊チーズは、とろけるチーズなど好みのもので代用可能です

発酵キムチソース

お餅のスタミナスープ

スタミナたっぷりの発酵キムチソースで
カラダの芯から温めてパワーチャージ。
お餅でお腹も満たされる、
とろみのあるスープです。

材料（1人分）

A｜切り餅（6等分に角切り）……1個
　無調製豆乳……50mℓ
　水……50mℓ

B｜発酵キムチソース（P25）……大さじ1
　醤油……小さじ1/4

C｜黒こしょう・刻みねぎ・白炒りごま……各適量

作り方

1 耐熱の器にAを入れて、600Wの電子レンジで2分ほど加熱する（ラップはせずに）。Bを加えて混ぜ合わせ、Cをトッピングする。

memo

＊スープの濃度は好みに加減してください。

豆腐の酒かす豆乳スープ

酒かすと柚子こしょうがほのかに香るまろやかで心地よいスープ。お豆腐と大葉の風味もプラスして寒い日の一杯にいかがでしょう。

材料（1人分）

A｜水……80mℓ
無調整豆乳……20mℓ
絹豆腐（さいの目切りにしてサッと水けをきる）……50g

B｜酒かす糀（P18）……大さじ1／2
醤油……大さじ1／2
柚子こしょう……適量

C｜黒こしょう・刻み大葉・白炒りごま……各適量

作り方

1 耐熱の器にAを入れて、600Wの電子レンジで1分30秒ほど加熱する（ラップはせずに）。Bを加えて混ぜ合わせ、Cをトッピングする。

memo

＊酒かす糀にはアルコール分が含まれています。
＊スープの濃度は好みに加減してください。

だしみそ

おぼろ昆布と梅のおみそ汁

おみそをお湯で溶くだけの手軽なおみそ汁。
梅干しや昆布を加えることでコクと旨味がアップします。
たっぷりのおねぎもプラスして目覚めの一杯にもぜひどうぞ。

材料（1人分）

A｜だしみそ（P20）……大さじ1/2
　｜湯……120mℓ

B｜梅干し……1個
　｜おぼろ昆布……3g
　｜刻みねぎ……適量

作り方

1　器にAを入れてよく混ぜ、Bを加える。

memo

＊汁の濃度は好みに加減してください。

洋風糀

糸寒天のとんこつ風スープ

食物繊維とミネラル豊富な糸寒天を仕上げにサッと加えれば腸にやさしく食べ応えのあるスープに。
黒こしょうをふることで、さらにとんこつ風味が楽しめます。

材料（1人分）

水……120mℓ

A｜洋風糀（P16）……大さじ1
｜醤油……小さじ1/4

B｜糸寒天（乾燥・スープ用）……1〜2g
｜黒こしょう・刻みねぎ・白炒りごま……各適量

作り方

1 耐熱の器に水を入れて、600Wの電子レンジで1分ほど加熱する（ラップはせずに）。Aを加えて混ぜ合わせ、Bをトッピングする。

memo

＊糸寒天の代わりにゆでた春雨など好みにアレンジ可能です。
＊スープの濃度は好みに加減してください。

7

カラダいたわる甘味とおつまみ

シンプルな材
すぐできる甘
お砂糖なしで
甘くておいし
植物性のクリ
ひとつのボウ
せんべい、お
手軽で簡単な
メニューのご

わさび香る豆乳クリームチーズとのりせんべい

ヘルシーでギルトフリー。乳製品不使用で手軽に作れる無添加のクリームチーズです。のりせんべいにたっぷりつけてどうぞ。

わさび香る豆乳クリームチーズ

材料（60〜80g分）

無調整豆乳……200mℓ
りんご酢……大さじ1

A
- 塩糀（P14）……15g
- 醤油……2g
- 練りわさび……2g（好みで）

B
- のりせんべい（P103）・パセリ・黒こしょう……各適量

作り方

1. 鍋に豆乳を入れて中火にかけ、混ぜながら沸騰直前まで温め火を止める。すぐに酢を加えて全体に混ぜ合わせ、もろもろ状に分離してきたらそのまま少し冷ます［a］。
2. ザルに、濡らして絞ったペーパータオルを敷き、1をこす［b］。ペーパーの四隅で包み、上に重しをのせて10分ほど水きりする（重しの上からやさしく手で押して水きりを早めても構わない［c］）。
3. 水きりした2をボウルに移し、Aを加えて練り合わせる（さらに攪拌するとなめらかな仕上がりになる）。器に移して冷蔵庫で1時間ほど冷やし、Bを添える。

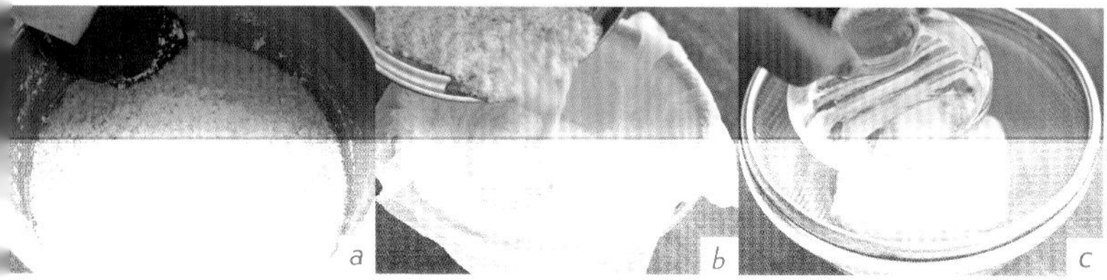

a　b　c

memo

＊水きりをしっかりするとかためのチーズに、水きりをゆるめにするとやわらかめのチーズが完成します。
＊このレシピではわさびはほんのり香る程度にしていますが、苦手な場合は省いてください。
＊酢は、好みの酢で代用可能です。
＊残ったホエーは、イソフラボンやビタミン、ミネラルたっぷり。ドリンクやカレー、スープなど水の代わりに、また水キムチ（P78）や浅漬けなどに再利用できます。

冷蔵 1 週間
冷凍 1 カ月

のりせんべい

材料（直径 約18cm/1枚分）

オートミール（インスタントタイプ）……30g
水……45g
塩糀（P14）……3g
刻みのり……2g

作り方

1 ボウルにすべての材料を入れてゴムベラでしっかり混ぜ合わせる。レンジ加熱可能な天板または、平らな耐熱皿にクッキングシートを敷き、その上に生地をのせてラップをかぶせ直径18cmくらい（厚さ1〜2mm）になるよう麺棒で薄く均等に広げてラップをはがす。

2 1を600Wの電子レンジで両面3分ずつ（やけどに注意して裏返す）加熱する。網の上でしっかり冷まして乾かしたら、好みの大きさに手で割る。

常温 5 日

memo

＊焦げやすいので様子をみながら調整してみてください。
＊乾きがゆるい場合は、10秒ずつ追加で加熱します。
＊保存の際は、湿気らないように密閉容器に（できれば乾燥剤とともに）入れておきます。

クミンとチーズ香る小さなおつまみスコーン

外はカリッと中はしっとり。ほのかな甘味と塩味、
遠くで香るスパイスがアクセントのおつまみスコーン。
ボウルひとつで手軽に作れるグルテンフリーのカラダにやさしい発酵おやつです。

材料（約5cm／8個分）

A
- 米粉（製菓用）……40g
- アーモンドプードル……30g
- パルメザンチーズ……10g
- 黒炒りごま……3g
- クミンシード……0.5g（ひとつまみ）
- ベーキングパウダー……3g

B
- 甘糀（P12）……50g
- 無調製豆乳……10g
- なたね油……5g

C
- パルメザンチーズ・黒こしょう……好みで各適量

作り方

1 ボウルにAを入れてゴムベラで全体をサッと混ぜる。Bも加えてゴムベラで折りたたむようにしてムラなくこねる。そのまま直径10cmほどにまとめて［a］放射状に8等分する［b］。

2 オーブンを170℃に予熱する。天板にオーブンシートを敷き、1を並べ、Cをまぶす［c］。オーブンで17〜18分こんがり焼く。

a

b

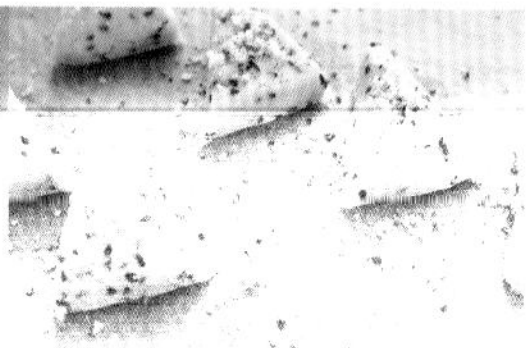
c

memo

＊保存の際は、しっかり冷ましてから密閉容器、またはラップに包んで乾燥を防ぎましょう。

＊米粉はメーカーの種類により水分量が変わります。生地のまとまりが悪い場合は、微量の豆乳を加えながら調整してください。

常温 3 日
冷蔵 5 日
冷凍 1 カ月

ふわもち甘酒餅

レンジで簡単。ふんわりもちっと食感の温かいお餅。
きな粉をたっぷりまぶしてほかほかの作りたてをどうぞ。

材料（1人分）

A
- 水……40g
- 甘糀（P12）……20g
- 片栗粉……20g

B
- きな粉、黒炒りごま、白炒りごま……各適量

作り方

1. 耐熱ボウルにAを入れてスプーンでよく混ぜ合わせ、600Wの電子レンジで1分加熱する（ラップはせずに）。庫内から出し（やけどに注意しながら）手早く全体を混ぜ、均一にもっちりまとまったら器に移してBをまぶす。

memo

＊冷めるとかたくなるので、作りたてをお召し上がりください。
＊お好みで黒みつなどをかけてどうぞ。

甘糀

甘酒の生チョコ4種

サッと混ぜて冷やすだけ。お砂糖・乳製品不使用で
手軽に作れる生チョコです。なめらかな口溶けと濃厚な味わいのチョコに、
好みのパウダーをまぶして楽しみましょう。

材料（約2cm／12個分）

A
- 甘糀（P12）……50g
- ココナッツオイル（溶かしたもの）……30g
- 純ココアパウダー……20g

B
- （まぶし用）純ココアパウダー・ほうじ茶パウダー・抹茶・きな粉……好みで各適量

作り方

1 ボウルにAを入れて泡立て器でぐるぐると全体になじませる（混ぜすぎると分離してしまうので均等なこげ茶色になったらすぐ手を止める）。

2 平らな器などにアルミホイルを敷き、1をティースプーン1杯分ずつすくって並べる。冷蔵庫で1時間以上冷やしかため、Bを全体にまぶす。

冷蔵 1 週間
冷凍 1 カ月

memo
[illegible]
は冷凍庫で保存します。

索引

おわりに

私はなぜ発酵食を好きになったのか。
ふと考えてみたけれど、これ！というキッカケは見つかりません。
意識して摂るようにしていたわけでもなく
ただ好きな食べ物を並べてみたらそのほとんどが発酵食品だったのです。

ぬか漬け、酢の物、納豆、チーズ、かつおだしのきいたおみそ汁、ココアなど、
幼少期から好んでいたものばかり。
父親がキムチを食べていれば、横から「ひとくち、ちょうだい」と言って
よく口に入れてもらったほど酸っぱ辛いものも好きでした。
大人になってからは日本酒やワイン、焼酎など、
お酒だって大好きですし、焼酎に少しだけお酢を加えて飲むのも大好きです。

今このページを読んでくださっている方もきっと
何げにこれらの発酵食品を口にされているのではないでしょうか。

日頃料理に使っている酒、醤油、みりん、酢、みそなどの調味料もすべて発酵食品です。
またそれらのいくつかを作るため発酵の役割を担っているのが「糀」というわけです。
まさに糀は〝縁の下の力持ち〟なのです。カッコイイですよね。
糀を暮らしにうまく生かしながら継承されてきた昔の人たちにも頭が下がる思いです。

本書ではそんな糀を使ったレシピを提案させていただきました。
レシピの主となる糀調味料があれば手軽においしい料理を実感していただけると思います。

そしてもうひとつ、糀調味料の頼もしいところは、
思いつきメニューにも柔軟に応えてくれるところです。
ある程度の使い方に慣れたら、レシピ通りに限らず、
糀調味料を自由に使ってオリジナルメニューを作っても楽しいでしょう。

糀の魅力をぜひ暮らしに吹き込んでみてください。

こころのたね。 yasujo

こころのたね。yasuyo

京都在住。発酵食スペシャリスト／ナチュラルフードコーディネーター。料理好きな母親のもと幼少期から台所に立ち、ぬか床のお世話や梅干し作りなど食と慣れ親しむ。カラダにやさしい素材を生かした発酵料理研究家。インスタグラム *@kokoronotane*では自家製糀調味料を使ったおばんざいごはんや盛りつけを楽しむ食卓を提案。その他、雑誌や書籍のレシピ考案、撮影、商品のデザイン開発など多岐にわたるモノ作りに携わる。著書に『のほほん曲げわっぱ弁当』『のほほん御膳』(ともに誠文堂新光社)『美しい作りおき』『かわいいお菓子』(ともに永岡書店)がある。

砂糖なし。
お家で作る万能発酵調味料

糀の提案帖

2024年 1 月21日　初版第1刷発行
2024年10月22日　初版第3刷発行

著者
こころのたね。yasuyo

発行人
山口康夫

発行
株式会社エムディエヌコーポレーション
〒101-0051　東京都千代田区神田神保町一丁目105番地
https://books.MdN.co.jp/

発売
株式会社インプレス
〒101-0051　東京都千代田区神田神保町一丁目105番地

印刷・製本
TOPPANクロレ株式会社

Printed in Japan

〒101-0051 東京都千代田区神田神保町一丁目105番地
TEL：03-4334-2915

info@MdN.co.jp

書店・販売店のご注文受付
株式会社インプレス 受注センター　TEL：048-449-8040　FAX：048-449-8041

ISBN978-4-295-20604-0 C2077

こころのたね。yasuyo